Verdades Fundamentales

PARA UN NEGOCIO EXITOSO

Miguel Maldonado

Construyendo
Equipos de Distribución

Derechos de autor © 2019

Miguel Armando Maldonado Vélez

ISBN: 9781098641061

Todos los derechos reservados.

Autor: Miguel Armando Maldonado Vélez
Editor: Edgardo Moreno

Diseño interior: Francisco Martínez López

Queda prohibida la reproducción de este libro por cualquier forma, sin previa autorización del autor. Salvo en pequeñas citas indicando claramente la fuente.

Contacto: Miguel Armando Maldonado Vélez
Email: miguelmaldonado.pro@gmail.com
Facebook: https://www.facebook.com/MiguelMalldonado/
Instagram: instagram.com/miguellmaldonado/

Un proyecto editorial de

Tu Libro en 21 dias
www.Tulibroen21dias.net

Contenido

AGRADECIMIENTOS	7
INTRODUCCIÓN	9
1. COMO VES TU NEGOCIO ¡IMPORTA!	13
Actitud aspiracional no conformista.	15
Inicios de la venta directa	17
La Tecnología	22
2. SE VENDE O NO SE VENDE	25
La información y mensaje correctos	27
¿Cuál es tu porqué?	29
FELICIDADES	33
3. NO ES RECONSUMO	35
Inversión	36
El 80 % de tus productos, entregados a clientes, y el 20% tu consumo personal.	37
Nicho de Mercado	38
Cuando llegue a un rango importante, ¿ya no tendré que vender?	39

4. NO ES PRESENTACIÓN — 41
    ¿Es obligatorio ir a las reuniones? — 43
    Hacer la lista — 44
    ¿A quién invito? — 47

5. NO ES CAPACITACIÓN — 51
    Autocapacitación — 53
    CapacitAcción y AutocapacitAcción — 54

6. LOS EVENTOS NO SON PARA TI — 59
    ¿Comunicar o promover un evento? — 61

7. NO CRECES SI TU EQUIPO NO CRECE. — 65
    El éxito ama la velocidad — 67
    La constancia te da la velocidad — 68
    Siembra y cosecha — 73
    Mantén una dieta mental — 76

AGRADECIMIENTOS

Quiero agradecer primero a DIOS sobre todas las cosas. Sé que hay un propósito para cada uno de nosotros y que todo lo que pasa siempre tiene un porqué. Los planes de Él son mejores que los nuestros.

Agradecerle a mi esposa Nancy Astudillo Gómez, y a mis hijos —Melanie, Jean Paul, Nami, Leilani y Miguelito—, quienes han sido y son mi motor, mi pilar, y mi apoyo incondicional en mi proceso.

A mis padres, Alegría Vélez Castro y Miguel Maldonado Briones, quienes con su ejemplo inculcaron en mí buenos valores y principios.

A mi hermana Melanie Maldonado, a mis familiares, y a cada uno de los líderes, mentores, guías, y amistades que he ido conociendo en el camino, ya que directa o indirectamente han aportado a mi vida. Como el Sr. Jorge Vaca, quien fue uno de mis primeros mentores, y de quien escuché y recibí información sobre el liderazgo y la importancia de soñar en grande.

MIGUEL MALDONADO

A mi gran amigo y socio, el Sr. Miguel Mora Font, quien, con la herramienta extraordinaria de las escuelas SADHANA, influyó en mí en el importante proceso de mi desarrollo y crecimiento personal.

A los líderes y mentores que a través de sus libros y mentorías en línea han aportado mucho a mi desarrollo como emprendedor, líder, y empresario. Gracias a Robert Kiyosaki, Tim Sales, Les Brown, Brian Tracy, Jurgen Klaric, Anthony Robbins, Randy Gage, Erick Gamio, Eric Worre, Jaime Lokier, José Miguel Arbulú, Ray Higdon, Dexter Yager (QEPD), y a los eventos Master Mind y Go Pro, por todo lo que han aportado y continúan aportando a la vida de cada líder y nuevo emprendedor.

Y, por supuesto, agradecer al coach Edgardo Moreno quien a través de su fabulosa mentoría 10X, me animó y motivó a escribir y llevar a cabo mi primer libro.

¡Gracias! ¡Gracias! ¡Gracias, una vez más, a todos!

INTRODUCCIÓN

Una de las razones que me animó a escribir, a pesar de que yo no soy un escritor, es que, debido a la cantidad y gran variedad de información existente, hay muchos nuevos emprendedores confundidos, que no saben definir qué hacer o qué no hacer en sus emprendimientos. Hay mucha información, que en su mayoría está de hecho distorsionada, y por ello pensé que quizás podría aportar algo a más de uno, y así devolver un poco de todo lo que a mí, directa o indirectamente, también me han aportado y guiado en este camino del emprendimiento.

Gracias a la tecnología, hoy en día disponemos de múltiples y diferentes fuentes de información que hemos podido aprovechar, conocer y participar, incluso de forma gratuita. Es importante recalcar que también, por efecto de esta tecnología, nuestros negocios han dado un giro de 180 grados. Así, hoy en día se puede contactar y conocer gente por las redes sociales, se puede programar y hacer reuniones conectando en minutos con gente de otras partes del mundo, y se puede expandir nuestro negocio formando equipos a nivel internacional. Sin embargo, aunque en el pasado, en una época donde no había tanta tecnología, muchos líderes lograron esos mismos objetivos, es importante que nosotros nos apalanquemos con las redes sociales, y demás programas de ordenador y/o aplicaciones de «smartphone» para lograr nuestros proyectos.

Cuando conocí y decidí lanzarme en el mundo del emprendimiento no tenía idea de todo lo que se requería para poder crecer y tener éxito. Lo único que tenía era hambre: «Hambre de salir adelante, de salir de las deudas y hacer un cambio en mi vida».

Desde que salí del colegio, siempre emprendí, vendí de puerta en puerta. Me subía a vender en los buses, e iba a vender enciclopedias y libros para niños a quienes trabajaban en oficinas. Literalmente vendí en la calle. Trabajé como guardia, fui promotor de libros de alguna editorial, vendí mercadería en pueblos... Siempre buscando algo más...

Y así hasta que a los 26 años tuve la bendición de conocer una industria, con un sistema de distribución maravilloso, llamada «Mercadeo en Red», y que es también conocida como «Network Marketing». Estuve en ella casi 9 años, cometí errores y aprendí mucho. Tuve aciertos y fallos, viví situaciones tristes y alegres, sentí emociones altas y bajas. Experimenté situaciones extraordinarias, y adquirí nuevos hábitos, y aprendizajes. Y, por supuesto, conocí grandes mentores, lideres, e hice muy buenos amigos.

Empecé a construir mi negocio y junto a la gente que se fue uniendo en el camino formamos un equipo de distribución que cuatro años después de haber empezado, y gracias a un arduo y continuado trabajo, generaba una producción de 144.000 dólares mensuales.

Sin embargo, después de casi 9 años, y muy agradecido por todo, renuncié a mi código de distribución para empezar de cero. Muchos se sorprendieron, y por supuesto todos sabíamos que no sería fácil.

En estos momentos, en los que escribo este libro, me encuentro, quizás, como tú, arrancando y volviendo a empezar desde cero, visualizando ese sueño tan anhelado que se ha ido ampliando y evolucionando en mi mente y en mi corazón. Pero, con la diferencia de que ahora conozco el camino. Ya sé lo que tengo que hacer, y porque «solo sé que nada sé», por ello estoy en constante aprendizaje, sobre todo ahora con toda la tecnología y la multitud de diferentes conceptos que han surgido alrededor del mundo del emprendimiento.

Como decía Dexter Yager (q. e. p. d.): «El éxito es la realización progresiva de un sueño»... Y así, al igual que alguna vez aquellas grandes empresas empezaron en su propios países, decidimos empezar también una empresa.

Por eso, es importante conocer todo acerca de la industria o sistema que estés dispuesto a emprender, incluso a pesar de todos los cambios y evoluciones que acontecen con el tiempo. Es necesario conocer su historia, sus valores, principios y fundamentos, y la cultura sobre la que fueron creados —del mismo modo que es necesario saber y conocer sobre nuestros abuelos, y tatarabuelos, para tener información y poder hacernos una idea de cómo fue fundamentada nuestra familia, de generación en generación—, para de este modo poder decidir qué cambios se pueden o no hacer, siempre con la intención de buscar un mejor resultado o beneficio para todos.

En este libro quiero compartir contigo ciertos detalles y verdades que aportarán a la creencia que puedas tener acerca de este modelo o sistema de negocio. Estos te permitirán no solo saber qué hacer, sino cómo hacerlo, enfocándote en lo realmente importante, ya que tener claro cuáles son las «verdades fundamentales» que debes saber te ahorrará lo más valioso e irrecuperable que existe: el tiempo. Te ahorrará tiempo y, si haces lo que tienes que hacer, el resultado será inevitable.

Si eres nuevo en el mundo de marketing en red, venta directa, equipos de distribución, MLM, etc., deberías saber que Dexter Yager —fallecido en enero de 2019— empezó a construir su negocio de marketing en red en el año de 1964. Él fue el precursor de los sistemas de formación y las cintas motivacionales, de lo que hoy se implementa como el sistema educativo; y por esta razón es considerado por muchos como «el padre del MLM moderno», ya que la mayoría de sistemas de crecimiento y formación utilizados actualmente tienen sus raíces.

Abre tu mente y corazón a esta información. Espero, de todo corazón, poder aportar a tu negocio, a tu vida, a tu equipo, y quizás ayudarte a decidir de una vez por todas si realmente quieres emprender o seguir en esta hermosa profesión del marketing en red.

Te deseo lo mejor siempre. ¡Qué lo disfrutes!

CAPÍTULO 1

COMO VES TU NEGOCIO ¡IMPORTA!

Tener la información correcta es clave para poder ver el potencial de esta oportunidad y modelo de negocio. Por eso, el modo como ves tu negocio importa.

Es importante tener claro por qué y para qué emprendemos en un negocio, porque saberlo con claridad nos va a dar la base, y nos va a indicar la dirección, el camino que deberemos ir corrigiendo, en pro de tener éxito para lograr nuestros sueños.

Esto también se aplica en nuestro negocio, porque nueve de cada diez personas no tienen la información clara y correcta de esta industria y sistema de negocio, y por no tener la información clara y correcta no pueden ver el potencial y gran oportunidad que tenemos con esta maravillosa profesión.

Por eso, es importante que entiendas que como ves tu negocio importa, para que logres tus objetivos.

Es importante porque en nuestro negocio estamos en búsqueda constante de nuevos clientes, de nuevos socios, de nueva gente que quiera emprender un negocio para asociarnos con ellos y crecer juntos en Equipo. Pero hay que señalar que estas personas deben tener un cierto perfil, caracterizado no tanto por un nivel académico sino más bien por, como yo lo llamo, una «actitud aspiracional no conformista». Con esto quiero decir también que si somos nosotros quienes proponemos el negocio, deberemos ser los primeros en ejercer esa actitud aspiracional no conformista.

Ahora voy a contarte mi experiencia de cuándo empecé en este maravilloso viaje de mi propio negocio de marketing en red.

Actitud aspiracional no conformista.

Todos los seres humanos nacemos con esa actitud aspiracional no conformista. Por naturaleza, siempre queremos más y mejor, ganar más dinero, una mejor casa, comer más y mejores platos, tener más tiempo y pasarla mejor. Deseamos estar más sanos y mejorar nuestra salud, hacer más viajes a mejores lugares y, así, etcétera y etcétera. Siempre, por supuesto, queremos obtener lo mejor en cada área de nuestras vidas.

Esa actitud aspiracional no conformista fui perdiéndola poco a poco, con el transcurso de mi vida —como puede ser que también te haya pasado a ti—, porque los sistemas educativo, social y financiero tradicionales me enseñaron que la única manera de ser alguien en la vida era obteniendo un título, que debía competir con los demás, y que si quería aspirar a mejorar mi economía tendría que subir o escalar a un mejor puesto.

Inconscientemente, el mensaje que fui recibiendo era que debía conformarme con lo que había, porque por más aspiraciones que tuviera, simplemente no lo lograría, ya que el número de oportunidades era muy limitado y yo no era el único tratando de conseguir un puesto en la escala laboral, por lo que debería esperar a que despidan a alguien para poder ubicarme en un mejor puesto.

Hoy en día lo pienso y me digo: «¡Qué tan afectada estaba mi creencia de lo que dependía para tener realmente éxito en mi vida, y cumplir mis sueños!». De hecho, tantas veces escuché la frase: «¡Sé realista!». Y, curiosamente, mi realidad en esos momentos era en muchos casos igual o mejor que la persona que me lo decía.

La actitud ante la vida es clave para aprender. Aspirar a más es fundamental para ganar, no conformarse es vital para seguir creciendo y ganando más, pero no solo dinero. Tu porqué debe ser tan grande que te inspire y te mueva a hacer lo que tengas que hacer para lograrlo. Cuando descubres tu verdadero motivo no hay espacio para la pereza, la distracción, ni para la pérdida de tiempo.

Tuve negocios, invertí, presté dinero, quebré y me endeudé. Hasta que recibí la información clara y correcta de lo que era realmente emprender mi propio negocio, mi propia empresa de marketing en red y venta directa. Y, al conectarla con mi porqué todo tomó sentido y mi visión creció. Todo ha sido un largo proceso de descubrimiento y aprendizaje total. No ha ocurrido de la noche a la mañana, sino que he requerido de muchos audios, libros, seminarios, escuelas de desarrollo personal, mentorías «on line», y convenciones para poder alcanzar mi crecimiento personal y desarrollo como empresario.

> *Si estás donde estás y no te gusta tu presente, es resultado de lo que tienes en tu mente. Si quieres cambiar dónde estás, si quieres cambiar tu presente entonces debes cambiar lo que tienes en tu mente.*

Esta afirmación me llegó tanto, que cambió mi forma de ver las cosas. Por eso tienes que aprender que ¡como ves tu negocio, importa! Porque lo que ves depende de lo que tienes en tu mente, de la información y aprendizaje que tienes acerca del negocio, y de la visión de lo que quieras lograr en tu vida, y, dependiendo de ello, así será el nivel de importancia que para ti le des.

Como profesional en cualquier área en la que emprendas deberás saber y conocer todo acerca de lo que haces. Es importante que conozcas su historia para ampliar tu visión, y definir tu creencia y postura acerca de tu negocio.

Por ello, ahora te voy a proporcionar un resumen con la información más importante de la industria e historia de este sistema.

Inicios de la venta directa

En 1886, en Estados Unidos, el Sr. McConnell, quien vendía libros, ofrecía un perfume por cada compra. Al percatarse de que sus clientes querían más el perfume que los libros, decidió transformar su empresa en una compañía dedicada a la mujer y a los cosméticos. Nació así la compañía «California Parfums» que más tarde, en el año 1939, pasaría a llamarse «AVON Cosmetics».

Por otro lado, durante los mismos años 30, Carl Rehnborg creó la empresa «California Vitamins» y desarrolló, en 1934, el primer producto multivitamínico y de suplemento mineral norteamericano.

El mismo año, en 1939, Carl Rehnborg funda la compañía Nutrilite para distribuir su producto, con un sistema de ventas diferente a los que existían entonces. El sistema de ventas de Nutrilite resultó ser muy original y beneficioso, ya que una amplia mayoría de los distribuidores eran también consumidores del producto. Y, de esta manera, el efecto de la recomendación era mucho más penetrante, provocando que muchos clientes satisfechos se volviesen distribuidores.

Cuando este modelo empezó a funcionar, la compañía añadió un matiz adicional al sistema que lo convirtió en el primer esbozo de lo que hoy denominamos Network Marketing, Distribución en red o Multinivel:

> *«Los distribuidores podían asociar a más personas con ellos, de manera que recibirían también una comisión por las ventas realizadas por éstos nuevos distribuidores asociados».*

En ese momento aparecía el primer plan de retribución, se creó lo que hoy en día es conocido como plan de compensación de la industria del «Network Marketing».

Aquí, en la década de los años 40, comienza la historia de la distribución en red. Esta etapa será denominada «la fase subterránea» —como dice en su libro Richard Poe, analista y pionero en el estudio profesional del «Network Marketing», junto al profesor Charles King, autor de «Los nuevos profesionales»—. La semilla ya había germinado, ahora le tocaba crecer y adaptarse.

En 1946 se creó la famosa compañía y marca de recipientes herméticos «Tupperware». A través de vendedores directos de la empresa empezaron a celebrarse reuniones en casas particulares, las llamadas «plan de fiesta», del americano «party plan». Sin duda, había nacido un nuevo concepto.

Los siguientes personajes de esta historia surgen desde dentro de Nutrilite. Richard DeVos y Jay Van Andel eran descendientes de inmigrantes holandeses, y distribuidores destacados de Nutrilite.

En 1958, Nutrilite tuvo problemas financieros en California, y tanto DeVos como Van Andel decidieron constituir otra compañía, con una organización similar a la de la empresa en dónde estaban. Así, en 1959, DeVos y Van Andel fundaron una empresa que salió al mercado con un único producto, con un limpiador multiusos doméstico líquido y orgánico llamado L.O.C., cuya patente habían comprado a un químico de Detroit. La empresa era Amway.

La distribución en red era una forma de venta directa, pero también empezó a ser una buena oportunidad de negocio para aquellos interesados en emprender una actividad empresarial independiente. En la década siguiente, en los años 70, la distribución en red se expandió con fuerza en EE. UU., originándose un mar de controversias en la opinión pública de algunos estados acerca de la legalidad y la regulación de esta industria, a la que se acusó principalmente de ser un negocio ilegal con esquemas Ponzi, también conocidos como negocios piramidales.

En 1979, después de un trabajo de documentación y análisis de cuatro años, la FTC —Comisión Federal de Comercio—, consideró mediante sentencia que el «Network Marketing» es un legítimo modelo de negocio. Este mismo año, la industria del mercadeo en red empezó su expansión internacional en Tokio y Japón, con Amway. Hoy en día Japón es un mercado de referencia para la distribución en red.

En 1980, nació otra compañía fuerte dentro del sector, Herbalife, la cual fue fundada por Mark Huges.

Desde la década de los 80, el «Network Marketing» ha tenido una evolución muy potente. Esta década será denominada por Richard Poe como la «fase de proliferación». Con el tiempo han surgido grandes compañías dedicadas exclusivamente a distribuir con «Network Marketing», y cuyos números de facturación se han multiplicado, año a año, muy por encima de lo que estaba acostumbrado el sector de la distribución tradicional.

En la década de los años 90 llegaron las legislaciones específicas para muchos países europeos que, como España, demandaban tener un marco regulador de este modelo de distribución de venta directa.

Como dice Richard Poe en su libro, esta etapa, denominada la «fase de mercado masivo», fue un verdadero boom para las empresas de distribución. Y a partir de entonces este modelo de negocio no ha hecho otra cosa más que crecer.

Muestra clara de la solidez y seriedad de los profesionales y de las entidades reguladoras y supervisoras de esta industria es que de forma efectiva se tramitan todas las quejas e informaciones sobre empresas tipo Ponzi o sospechosas, investigando y depurando las responsabilidades, incluso penales si llega el caso.

Según datos de Wall Street Journal, ya en el 2010 América del Norte, Sudamérica y Asia eran los mercados más potentes. Se estima que la facturación mundial, calculada en 2010, estaba entorno a unos 125.000 millones de euros, y que entre EE.UU, Japón, Brasil, China y Corea del

Sur sumaban ya unos 83.000 millones de euros. En esta época, Europa era continente emergente en fuerza de ventas, siguiendo inmediatamente a los países citados con Alemania, Francia, Rusia, Reino Unido e Italia, sumando entre ellos unos 14.500 millones de euros en facturación, lo que supone más del 10% de la facturación mundial, hasta ese momento.

Hoy en día, miles de empresas y compañías emplean de forma completa o parcial este modelo de distribución. Incluso hay varias de estas compañías que cotizan en Bolsa. Tanto es así, que en 2017 las ventas rompieron récord llegando a los 189 billones de dólares, y se dice que en los próximos años, podría llegar al trillón de dólares. En la actualidad, unos 150 países tienen legislación dedicada a la distribución en red, y numerosas personas del mundo de las finanzas, el emprendimiento, la política o la educación de grado superior como Warren Buffet, Robert Kiyosaki, Paul ZANE Pilzer, Tim Sales, Susan Sly, Kim Kiyosaki, Bob Proctor, Dr. Ivan Misner, Les Brown, Brian Tracy, John Assaraf, Dr. O.C. Ferrell, Richard Bliss Brooke, Jurgen Klaric, Anthony Robbins y un largo etcétera, han escrito y hablado rotundamente sobre los beneficios y ventajas de este modelo de negocio, que a día de hoy ya cuenta con 116 millones de personas ejerciendo la profesión de distribuidor independiente —denominados «Networkers» dentro de la industria.

Para alcanzar el éxito en esta industria es necesario llevar a cabo un trabajo constante durante un tiempo relativamente corto, ya que se ha podido comprobar que quien dedique de dos a cinco años de trabajo serio puede llegar a lograr el éxito y cumplir sus sueños.

Como sucede en cualquier faceta de la vida, si asumes el proyecto con un alto grado de compromiso, y con la actitud y enfoque correctos no te sentirás defraudado. Podrás gozar de la alegría de cosechar las recompensas con tu esfuerzo y trabajo, y no por las promesas de otros.

> *Si tienes la visión clara en tu negocio obtendrás la recompensa que te permitirá alcanzar tus sueños.*

Además, ten en cuenta que no estás solo, que si quieres ser uno de ellos o conocer más acerca de cualquier aspecto de este tipo de negocio puedes ponerte en contacto con un líder patrocinador, comprometerte a cumplir tus sueños y convertirte en un profesional de marketing en red.

La verdad fundamental es que debe dejarse guiar y hacer caso.

La Tecnología

Debemos de tener claro que estamos hablando de un gran y extraordinario negocio multimillonario, y que la distribución de productos no es una moda pasajera, que no es algo del pasado que hay que descartar porque —como he escuchado decir últimamente— «ahora todo es tecnología».

Es obvio que estos comentarios son erróneos, y sobre todo distorsionados, por falta de información. Porque los productos tecnológicos no podrán nunca reemplazar a los productos físicos, ya que de hecho es justamente la misma tecnología la que posibilita que cada vez haya más y mejores productos, y la única manera de que esta industria desaparezca sería que las personas dejasen de alimentarse y de cuidar su aseo personal, que dejásemos de consumir productos más sanos y útiles para nuestro bienestar y salud.

La industria del bienestar, el marketing en red y la venta directa no es una moda, es una industria que actualmente mueve billones, en el futuro serán trillones, y que forma parte de la economía mundial.

Con la tecnología, ahora tenemos la oportunidad de darnos a conocer y expandir nuestros equipos de una forma más rápida, como nunca antes se había hecho. Ahora disponemos de diferentes herramientas como las oficinas virtuales, las aplicaciones para los teléfonos inteligentes, los entrenamientos o capacitaciones en línea, y las redes sociales que nos permiten realizar más ventas y hacer los envíos de productos de forma más rápida y efectiva.

Yo más bien diría que los productos tecnológicos se han convertido en herramientas aliadas para crecer y potenciar la industria y el marketing en red. Porque finalmente es eso lo que hacemos: marketing. Hacemos marketing de un producto que la gente llega a conocer, usar y consumir, porque tu, yo o alguien más se lo provee.

Tener la información correcta es clave para poder ver el potencial que tiene esta oportunidad y modelo de negocio, porque como ves tu negocio, importa.

Es, por eso, tan importante que conozcas ciertas verdades fundamentales antes de empezar tu negocio de marketing en red.

CAPÍTULO 2

SE VENDE O NO SE VENDE

Si alguna vez escuchamos que no hay que vender que sólo hay que consumir, esto no es cierto porque esto es un negocio, hacemos marketing y vendemos.

No es preciso aclarar que si bien para lograr la mayor ganancia en cheque y lograr libertad financiera se debe formar un equipo grande de distribución, es obvio que se gana dinero por vender, que si no se vende no hay volumen de venta, y que de hecho es así como empezamos en este negocio: promoviendo, recomendando, y vendiendo un producto o servicio de alguna empresa. Si alguien te dice que no debes vender que sólo debes consumir, esto no es cierto, porque esto es un Negocio, y lo que hacemos es marketing y vender.

Hoy en día, tras lo sucedido en 2015 con una empresa muy reconocida y tras sancionar posteriormente a otra compañía en 2016, la FTC ha establecido como requisito que al menos el 80% de la producción de una empresa de marketing en red debe venir del consumidor final, del cliente. Es decir, el cliente no debe formar parte de la red de distribución o equipo, simplemente es un cliente, que compra y consume porque realmente le gusta el producto y/o servicio. Y es que ese es exactamente el objetivo y finalidad del marketing en red y venta directa: llevar el producto de una empresa al consumidor final, y no a los distribuidores que dependen de ti —«downline»—, ni proporcionar venta a los que están por encima tuya —«upline»—. Por ello, los expertos recomiendan a todo buen profesional del marketing en red o venta directa tener al menos un mínimo diez o más clientes finales.

Según Jessica Rich —Directora de la Oficina de Protección al Consumidor de la FTC—: «Los extravagantes reclamos de ingresos, y los planes de compensación que recompensan el reclutamiento por encima de las ventas siguen afectando a la industria de MLM. Las compañías de MLM deberían asegurarse de que sus materiales promocionales no sean engañosos y que sus programas de compensación se centren en vender productos o servicios a los clientes que realmente los quieren, y no solo en reclutar más distribuidores».

> *El 80% de la producción de una empresa de marketing en red debe venir del consumidor final, del cliente.*

Yo recomiendo tener de 12 a 24 clientes mínimo, y si son más, mucho mejor. Tener una cartera de clientes es importante a la hora de tener un negocio verdaderamente productivo, porque sin clientes no hay negocio.

Para entender esto tengamos en cuenta este sencillo ejemplo de cálculo: si tienes 100 líderes distribuidores con 10 clientes cada uno son un total de 1000 clientes, que consumiendo dos productos suponen un total de 2000 productos. A esto se llama volumen de ventas, y sobre este volumen adicional a tus ventas personales recibes un porcentaje de pago residual, y no por reclutar nuevos distribuidores.

La información y mensaje correctos

Cuando emprendí mi negocio de marketing en red no tenía idea de nada, como ya lo mencione antes. Así que solo copiaba y repetía lo mismo que los demás decían. Es claro que por falta de información cometí muchos errores: mis errores y mi responsabilidad.

Así, por ejemplo, solía invitar a unirse al negocio diciendo que solo consumiendo e invitando a otros a consumir tendrían éxito, cuando el mensaje correcto que debía haberles dado era que «para tener éxito debían vender producto, debían tener clientes y formar un equipo—. Un equipo que también hiciera lo mismo, ya que así podrían construir realmente un negocio productivo y perdurable en el tiempo. Además, debía de haberles recordado que esto no es de la noche a la mañana, y que requiere de mucho esfuerzo, trabajo y constancia.

Cuando empecé a tener la información adecuada y a dar el mensaje correcto, sobre todo a quienes ya trabajaban conmigo, mi equipo se fortaleció. Se hizo más fuerte nuestra creencia, y sobre todo empezamos a saber y ser conscientes de que si no te gustaba las ventas o no estas dispuesto a aprender, entonces este negocio no era para ti. Así que empecé a entender que el éxito o el fracaso en este negocio depende de cada uno de nosotros, y que no todos están dispuestos a hacerlo, que no todos están dispuestos a pagar el precio.

Entendí que este negocio era igual o más importante que un negocio tradicional. Aunque ya todos sabíamos, por resultados y testimonios de otros líderes, que era mucho mejor.

El negocio es transparente y sin engaños. Por eso, cuando escuchas que puedes lograr tus sueños, e incluso llegar a ser millonario, es verdad. Ya muchos lo han logrado, y tú y yo tenemos la misma oportunidad que ellos. Sin embargo, hay que estar dispuestos, y no solo aspirar a ganar un mensual, ya que la razón tiene que ser mucho más grande que solo ganar dinero. Debemos tener un gran porqué, un motivo por el que lo haremos.

¿Cuál es tu porqué?

Piensa, medita qué es eso que te gustaría lograr, cuál es ese sueño que con solo pensar en que llegas al final y no lo has realizado te entristecería. Escríbelo aquí, en estas página pensadas para ello. Detállalo a solas, contigo. Tú eres el capitán de tu barco. Hazlo antes de continuar con la lectura. No lo dudes, porque todo es posible.

_____

_____

_____

_____

_____

_____

_____

_____

_____

_____

MIGUEL MALDONADO

VERDADES FUNDAMENTALES

MIGUEL MALDONADO

_____

_____

_____

_____

_____

_____

_____

_____

FELICIDADES

No es fácil encontrar o identificar ese gran porqué, ese sueño tan anhelado. Si ya lo tienes, pero sobre todo si ya lo sientes, entonces, ya estás a mitad de camino. Tener claro y saber con certeza para qué y por qué decidimos construir nuestro negocio de marketing en red es la base para empezar bien nuestra carrera al éxito.

MIGUEL MALDONADO

CAPÍTULO 3

NO ES RECONSUMO

El verdadero reconsumo lo hace el cliente cada vez que vuelve a comprar el producto al distribuidor, y quien hace la reinversión es el distribuidor.

Lamentablemente, la información sobre el marketing en red se ha ido distorsionando con el tiempo. Esto causa confusión en los prospectos, en la gente interesada en el negocio, hasta tal punto que hoy en día lo primero que la mayoría de ellos pregunta, y lo que les interesa saber, es ¿cuánto es el reconsumo mensual para formar parte del negocio?

Sin embargo, si eres nuevo en esta industria o sistema de negocio debes tener claro que este negocio no va de reconsumir, puesto que es un negocio y en un negocio se invierte.

Inversión

¿Qué es inversión?

Una inversión, en el sentido económico, es una colocación de capital para obtener una ganancia futura. Esta colocación supone una elección que resigna un beneficio inmediato por uno futuro.

Así pues, cuando alguien le pregunte cuánto es el reconsumo, pregúntele qué desea realmente, si quiere hacer negocio o solo quiere consumir el producto.

Indíquele que si su interés es hacer el negocio, entonces su pregunta no debería ser cuánto es el reconsumo, sino que la pregunta correcta debería ser: «¿Cúanto es la reinversión?».

El verdadero reconsumo lo hace el cliente cada vez que vuelve a comprar el producto al distribuidor, y quien hace la reinversión es el distribuidor. El distribuidor entra a hacer negocio, y por eso reinvierte mes a mes, distribuyendo y vendiendo el producto.

> *Tener la información correcta, hace la diferencia, a la hora de dar el mensaje y guiar a nuestros equipos.*

> *El verdadero reconsumo lo hace el cliente, cada vez que vuelve a comprar el producto al distribuidor, y quien hace la reinversión es el distribuidor.*

En el momento de querer formar un equipo y llevarlo a un siguiente nivel, construyendo un negocio sólido, es importante asegurarnos de que todos tengan claro que esto es un negocio, que debemos crear una cartera o base de clientes, que debemos invertir, reinvertir y distribuir productos. Hay que recordarles que de esta producción sólida del reconsumo de clientes es de dónde salen los tan anhelados cheques residuales.

El 80 % de tus productos, entregados a clientes, y el 20% tu consumo personal.

La seguridad de recomendar y vender un producto, con verdadera credibilidad está en usar y vivir el resultado del mismo. Debe realmente gustarte el producto que estás distribuyendo.

Lleva un registro de la fecha de entrega y cantidad de productos que los clientes te compran y consumen. Fidelízalos contigo, que la confianza sea la base de la relación con tus clientes.

> *La fidelidad no es con el producto, la fidelidad es contigo.*

> *¡No vendemos productos, vendemos relaciones!*

Si fidelizas a tu cliente, si te llevas bien con él y no solo piensas en la próxima entrega del producto y cuánto vas a ganar, tendrás un cliente que va a preferir tu producto o servicio antes que el producto o servicio de otro.

Nicho de Mercado

Debemos saber que tenemos dos nichos en los que debemos enfocarnos. Uno es el nicho de mercado para tu producto, y el otro es el nicho de la gente que está en búsqueda de un negocio para ganar más dinero, y recuperar el control financiero de su vida, de gente que está aspirando a lograr algo más.

Al momento de vender y distribuir es importante saber reconocer en qué nicho enfocarnos. Esto lo debemos hacer atendiendo a qué producto vendemos. ¿Por qué? Porque, por ejemplo, si antes de identificar tu nicho empiezas a querer vender tu producto a todo el mundo, sería como si quisieras vender carne a la gente sin saber quienes son vegetarianos. Esto sería una perdida de tiempo ya que el vegetariano no consume carne.

Por ello, las empresas buscan siempre un nicho específico de mercado al cual dirigir cada uno de los productos con los que trabaja. Se trata de grupos pequeños de consumidores, identificables por sus costumbres o comportamientos, que comparten necesidades y preferencias similares. Gracias a la búsqueda de nichos de mercado es posible el ahorro de tiempo y recursos, ya que el esfuerzo se orienta al nicho seleccionado y solamente es necesario crear un plan de venta personalizado, en lugar de realizar una gran campaña publicitaria masiva y, por lo tanto, costosa.

Cuando llegue a un rango importante, ¿ya no tendré que vender?

Es tanta la inspiración que transmiten los líderes que ya han llegado a cierto rango dentro de la compañía que tú mismo sientes el deseo de querer llegar donde ellos han llegado.

Pero, mientras lo logras es importante que tengas en cuenta algo que si aún no lo has escuchado seguramente lo harás:

> *Para llegar a un rango o meta, debes primero actuar como si ya lo hubieses logrado.*

Esto significa que primero debemos ser, ya que quienes estemos siendo nos llevará a lograr el resultado que deseemos, nos llevará a actuar de la manera adecuada para lograr obtener ese rango, meta o resultado.

Sin embargo, al tener como referencia estos líderes exitosos, al querer imitarlos podríamos llegar a la falsa conclusión de que en su situación no habría que vender, porque resulta que la mayoría de ellos parece ya no están constantemente vendiendo y distribuyendo producto. No obstante, es importante tener presente que de una u otra manera ellos ya pasaron un buen tiempo construyendo, haciendo exactamente lo que nosotros debemos hacer para llegar donde ellos están. Ellos pueden darse ese lujo de no estar constantemente vendiendo porque, aunque algunos lo sigan haciendo y tú no los veas, ellos ya tienen un buen cheque y finalmente pueden manejar y administrar su negocio de diferente manera.

Ellos, por lo general, están enfocados administrando su tiempo para apoyar y guiar a todos sus equipos y los de toda la organización, para que crezcan y lleguen a la meta.

Así que, si aún no has llegado a esa gran meta, como aquellos líderes, o estás empezando tu negocio de marketing en red, recuerda que es un negocio, que debes crear una cartera o base de clientes, y que tienes que invertir, reinvertir y distribuir productos.

CAPÍTULO 4

NO ES PRESENTACIÓN

A los interesados del Negocio, ayúdales a entender el sistema, visión, producto y la gran oportunidad que tenemos.

Una de las cosas más anheladas a la hora de emprender marketing en red es la ganancia residual. Esa ganancia que promete libertad financiera, y que tú, yo o cualquier persona en este sistema puede lograr. Para lograrla hay que construir un equipo que distribuya el producto tal como tú lo haces, y que sus miembros a su vez también construyan cada uno sus propios equipos.

> *El objetivo es poder llegar cada vez a más clientes, para aumentar el volumen de ventas adicionales a la que tu realizas, porque de todas ellas recibes un porcentaje como pago residual.*

Para lograr formar un gran equipo que te permita obtener esa tan anhelada ganancia residual debes tener en cuenta que dentro del esquema de construcción del negocio desde siempre han sido y son muy importantes las reuniones. Reuniones semanales o mensuales, según sea la cultura de tu empresa u organización, donde se invita y lleva a gente para ver y escuchar una presentación sobre el funcionamiento de la empresa. Pero, debemos tener claro que una reunión no es solo para ver una presentación, sino que es un momento en el que se ve y se reúne el equipo, para compartir resultados, y donde se presenta y se da la bienvenida a los nuevos integrantes de cada equipo. Una reunión es el momento para la prueba social, donde tu invitado comprueba que lo que tú le dijiste es verdad, donde se puede dar cuenta que no eres el único, y que hay muchos más teniendo resultados. Así que una reunión no es solo una presentación.

¿Es obligatorio ir a las reuniones?

No, no es una obligación asistir a las reuniones. Si no deseas asistir, no lo hagas si no quieres. Sin embargo, si realmente quieres crecer, formar y tener un equipo sólido debes asistir a las reuniones. No por obligación, sino porque es parte del negocio, y si dentro de tu visión y sueño está lograr tener un gran cheque, entonces debes hacerlo para formar ese equipo.

Lo extraordinario de estas reuniones es aprovechar la sinergia, contagio y calor humano que se crea cuando hay más gente comprometida a crecer y cumplir sus sueños, y no solo con tu equipo, sino con más equipos de otras organizaciones. Poder conectar entre todos, presentarnos los unos con los otros, escuchar los testimonios en vivo, sentir la energía y la vibra que emana dentro de un salón o evento hace una gran diferencia a la hora de consolidar y fomentar una cultura de crecimiento y verdadero trabajo en equipo.

Creo que la vieja escuela puede usar y apalancarse muy bien con las herramientas tecnológicas que hoy tenemos a nuestra disposición, tal como ya muchos lo venimos haciendo. Todo dependerá del país, ciudad, región o cultura en donde te encuentres, pues hay lugares en el mundo donde aún teniendo estas herramientas a disposición muchos las desconocen, y otros quienes sí las conocen y aunque han tratado de formar equipos usando solo las redes sociales y las herramientas que la tecnología pone a su alcance, siguen aún sin conformar un equipo sólido y perdurable.

La clave está en tener un equilibrio entre reuniones presenciales y reuniones virtuales. Poder reunirse de forma presencial es muy importante para crear una conexión más cercana como equipo. De hecho, en muchos de los casos el primer equipo del que obtendrás tus primeras regalías será tu equipo local, el más cercano a ti.

En la actualidad, la tecnología nos permite conectar con gente de otras ciudades e incluso de otros países, dándonos la oportunidad de crecer más rápido con equipos de forma internacional. Así que poder realizar reuniones en línea es también superimportante. Agendar reuniones virtuales en línea para presentar, capacitar y crecer tu negocio, es tan importante como agendar reuniones para presentar, capacitar y compartir de forma presencial.

Hacer la lista

Es muy importante realizar una lista de contactos. Tradicionalmente empezamos a hacerla incluyendo a nuestros familiares, amigos y conocidos. Adicionalmente, podemos incrementar esa lista apalancándonos muy bien con la tecnología y herramientas a nuestra disposición. La primera vez que tuve información sobre ello fue cuando hace algunos años escuché hablar sobre el marketing de atracción, y como éste tenía que ver con las redes sociales y con crear una marca personal. Hoy en día, a la hora de empezar a crear tu lista de contactos, cartera o base de clientes puedes utilizar las herramientas tecnológicas que te brinda acceso a las redes sociales como Instagram en la que encuentras gente con intereses comunes y que quizás puedan seguirte en tu actividad. Incluso puedes utilizar las herramientas que te proporcionan estas redes para hacer anuncios pagados seleccionando el nicho de tu mercado según el producto que estés distribuyendo.

Estamos en una época en la que el emprendimiento está en auge, y es necesario como parte de un equilibrio económico en cada ciudad, país o región y, por supuesto, para dar equilibrio económico en tu vida y en la mía. Así que debes empezar comunicando, haciendo saber a tus familiares, amigos y conocidos que tú estás emprendiendo un negocio, y que estás a su servicio para explicárselo, sin provocar molestia ni perseguirlos. Yo lo hice así, y así lo he vuelto a hacer. Por ejemplo, alguna vez puse un restaurante, y para la inauguración a los primeros clientes que invité fue a mis familiares, amigos y conocidos. Ellos no sabían, y yo tampoco, que serían mis clientes, pero finalmente al conocer de mi nuevo negocio la mayoría iban a almorzar allí, e incluso llevaban a sus amigos o compañeros del trabajo. Creo que está claro el ejemplo. Yo no los llamaba para que vinieran a comer, solo bastó con que ellos supieran.

En nuestro negocio la situación no es diferente. Hoy en día hay tantos productos de bienestar en el mercado, como personas que están buscando una vida más saludable, y que usan algún producto para cuidar su salud. Quizás algún familiar, amigo o conocido tuyo esté usando ya algún tipo de estos productos, y ¿por qué no podrías ofrecerles tu servicio o solución? Yo lo hice, y algunos entraron al negocio. De ellos dos crecieron y fueron una parte fuerte de mi equipo, y la mayoría de los demás son mis clientes. Es importante que tu producto o servicio realmente provoque ese resultado anhelado por el cliente, pero lo más importante es la relación que tengas con tu cliente, o con el prospecto que terminará siendo parte de tu equipo. Recuerda que la fidelidad no es con el producto, la fidelidad es contigo. Por eso, es importante que seas tú mismo y no intentes, por sorprender y convencer al prospecto o cliente, aparentar ser quien no eres. Esto es clave, porque tu objetivo no debe ser venderle el producto ni asociarlo al negocio, sino fidelizarlo contigo. Relaciónate y mantén una actitud de servicio, de apoyo moral y emocional, y hazlo tu amigo o amiga.

Este mismo objetivo te llevará a contactar con nuevas personas en las redes sociales. Personas que no sabes aún si serán tus clientes hasta que te hagan un pedido, o quieran formar parte de tu equipo y te pidan información sobre lo que haces para ganar dinero.

> *Crear una buena imagen, relacionarte bien por las redes sociales, y generar seguidores es el inicio para seguir incrementando tu lista de contactos, prospectos y clientes.*

Como parte importante para lograr tu propósito, te recomiendo que te capacites, que adicionalmente a las habilidades de ventas que puedas tener, también mejores tus habilidades, y aprendas el manejo del marketing y ventas con las redes sociales. Yo lo he hecho, lo hago y lo sigo haciendo. Estoy siempre actualizando la información. Para que lo logres tú también te recomiendo «MENTORÍA 10X», con el Coach Edgardo Moreno. Esta es una de las últimas y más actualizadas mentorías en el manejo de marketing, ventas, prospección y marca personal que he visto en habla hispana, en lo que respecta a redes sociales y al internet.

Es de mucha importancia, que te capacites y aprendas todo acerca de lo que haces, porque las herramientas que nos proporciona la tecnología son cada vez más numerosas. Yo, hoy en día, ya vendo por Internet también, gracias a la «MENTORÍA 10X».

¿A quién invito?

Antes de invitar a una reunión, cita o entrevista, ya sea de forma presencial o sala virtual, tenemos en primer lugar que confirmar, averiguar e investigar qué es lo que le gustaría lograr a nuestro candidato o prospecto. Para lograrlo, lo primero que tenemos que hacer es contactar con él, debemos dar el paso para iniciar una relación, y en el caso de que sea alguien conocido, a quien no vemos desde hace algún tiempo, debemos actualizar la información que tenemos de él.

> *Ya sean conocidos o gente nueva, lo fundamental para que nuestro negocio crezca es conocer y relacionarnos con aquellos que estén interesados en nuestro proyecto.*

Pero, ¿cómo saber si están interesados en hacer un negocio?

¡Sencillamente, preguntando!

Yo les pregunto si les interesaría hacer algún tipo de negocio, si les interesaría hacer o lograr algo más de lo que ya han logrado.

El candidato o prospecto a tu equipo debe estar aspirando a más, debe transmitir interés en ganar dinero extra, interés por hacer algo para mejorar su economía, debe estar buscando algo más de lo que ya haya logrado —una mejor casa, viajar, cumplir sueños, libertad financiera, libertad, un negocio propio—, algo que realmente le apasione o que quiera cumplir; en caso contrario, hazlo tu cliente, porque seguramente solo quiere comprar o adquirir tu producto o servicio.

> *Cuando invitas a alguien, no es para que se convenza. El prospecto ya debe venir con ese deseo, con esa chispa interior de lograr algo más.*

> *El invitado no se convence. El invitado conecta con la oportunidad, porque encuentra la herramienta para lograr lo que él o ella quiere, pero que no sabía como hacerlo.*

A los interesados en el negocio, debes ayudarles a entender el sistema, la visión y el producto, y a comprender la gran oportunidad que tenemos.

El objetivo es que proporciones educación y entendimiento del negocio, ya sea uno a uno o en grupo, en reuniones de negocio presenciales o de forma «on line».

Asegúrate de que tenga clara la diferencia entre el modelo de distribución tradicional y el modelo de marketing en red. Si no lo tiene claro debes explicárselo, y si no lo tienes claro, pregunta a tu patrocinador o líder más directo en orden ascendente. Y si no tienes a nadie que te guíe, no pierdas tiempo y búscalo en Google, porque un líder no espera por la información, va a por ella.

MIGUEL MALDONADO

CAPÍTULO 5

NO ES CAPACITACIÓN

No se trata de una simple reunión para capacitarte, no se trata de que asistas porque te dijeron que debías ir, es más importante de lo que creemos.

Lo que queremos decir con «no es capacitación», es que no se trata de una simple reunión para capacitarse, no se trata de que asistas a capacitarte una sola vez y ya está, o solo esperar que haya otra capacitación en algún otro momento con un nuevo y diferente líder, y cada cierto tiempo que podamos.

Es importante ser conscientes de lo importante que es asistir a las capacitaciones, pues no se asiste solo porque el líder o patrocinador nos dice que vayamos, sino porque es la base de nuestro negocio, porque hay que estar muy bien informado de todo acerca de la empresa, los líderes, los productos, la cultura, y la visión. No basta con leerlo en una revista o material informativo en pdf. Debemos involucrarnos con nuestro negocio, sintiendo pasión por lo que hacemos, ya que si finalmente hacemos lo que tenemos que hacer el resultado de lo que queremos o deseamos lograr se hará realidad.

Las primeras y principales capacitaciones son con nuestro patrocinador o líder ascendente. Líder que ya tiene un resultado, y que es el ejemplo de cómo andar el camino que estamos por recorrer. También están las capacitaciones y eventos que organizan la compañía en la que te encuentras. Es importante apegarse al sistema de nuestras compañías, porque la cultura organizacional de tu equipo o equipos es fundamental.

Un equipo en crecimiento, si se quiere que sea perdurable, debe estar alineado y comprometido a ciertos acuerdos para cumplir con los resultados y visión de conjunto. Entre dichos acuerdos deben estar la asistencia a las capacitaciones, y el guiar y enseñar a cada nuevo integrante del equipo, ya sea de forma presencial o virtual. Si tu compromiso contigo y con el equipo es real, debería estar ya en tu agenda, cronograma o plan de trabajo la fecha y lugar del siguiente evento o capacitación.

La experiencia adquirida durante todo este tiempo me permite afirmar, confirmar, y reconfirmar una verdad fundamental: «Quien no tiene tiempo, no tiene interés».

Autocapacitación

Ya hemos hablado de lo importante que es la capacitación, y de lo necesario que es acudir a las reuniones para capacitarse. Sin embargo, es fundamental que sepas que de la información que debes adquirir para complementar tu aprendizaje y crecimiento, solo el 20% procede de la capacitación recibida directamente de los líderes y de la empresa, y que el restante 80% de tu capacitación debes de adquiridla a través de tu autocapacitación. Esto quiere decir que adicionalmente a la capacitación que podamos adquirir en las reuniones de empresa a las que acudamos, debemos autocapacitarnos leyendo libros, escuchando audios, y acudiendo a seminarios, cursos, mentorías, y talleres externos. Es fundamental todo el conocimiento que puedas adquirir sobre liderazgo, desarrollo y crecimiento personal, relaciones amorosas, como influenciar en los demás, marketing y marketing de atracción, ventas y ventas «on line», marca personal, etcétera.

No debes sentarte a esperar solo la información que te pueda proporcionar tu líder, porque los lideres guiamos y apoyamos mas no hacemos el trabajo del otro. Cada uno es responsable de lo que debe hacer, porque al final todos somos líderes en el momento de constituir y formar un equipo, pues como hemos aprendido del mentor, líder de líderes, John Maxwell: «Todo se levanta o cae por el liderazgo».

La autocapacitación es fundamental para todos. Es básico entrar en modo aprendiz, para escuchar y recibir información clara y correcta de quienes ya han logrado el éxito en esta profesión, y así poder transmitir la misma información clara y correcta a nuestros socios, presentes y futuros. La autocapacitación nos da la seguridad y convicción para poder atraer y presentar nuestro negocio a más gente. Existe tanta información en las redes sociales, en todo internet, que es importante estar pendiente para no distraerse, y poder enfocarse en lo que realmente aportará a nuestro negocio.

CapacitAcción y AutocapacitAcción

Hay un líder o patrocinador principal, que es el más importante, y que te inspirará y llevará a avanzar al siguiente nivel, e incluso ocasionará sinergia e inspiración en todos los demás miembros de tu equipo. Ese líder eres tú. Tú eres el primero que te debes liderar, antes de pedir a tu equipo que pongan acción. El primero que debe comprometerse con tus sueños y con tu crecimiento eres tú.

De capacitación y autocapacitación debemos pasar a la acción. A todo lo que aprendamos debemos ponerle acción.

Sin acción no hay nada, sin ACCIÓN solo estamos dando un paseo, perdiendo tiempo. Debemos estar al frente y lanzarnos a todo, a todo lo que sea necesario hacer para lograrlo. Tenemos que entender y ser conscientes de que hay que pagar un precio, y que el precio del éxito no es negociable.

Hay que hacer lo que hay que hacer.

Si estamos dispuestos, entonces ya tenemos el 50% del camino adelantado, y ya solo sería cuestión de tiempo completar el otro 50%. Esto dependerá de nuestra acción, y la información adecuada y enfocada nos ayudará a incrementar la creencia.

La creencia es fundamental a la hora de crecer o estancarse en nuestro negocio, porque todo lo que crees finalmente lo creas. Y, depende mucho de nuestra creencia el afianzar la estabilidad y crecimiento de nuestras organizaciones.

Hay cuatro puntos importantes que, fruto de la capacitación o autocapacitación, influyen en la creencia de un nuevo distribuidor o prospecto que apenas está empezando en el negocio.

1. **La creencia en el sistema y la industria.** El conocer y tener clara la historia, de dónde, cómo, por qué y cuándo surgió el sistema de marketing en red y la industria en general, nos permite entender que este es un negocio legítimo y millonario. Entender cómo funciona y enterarse de los miles de resultados que existen, fortalece la creencia de lo que hacemos. Cuando vemos varias personas hablando o

refiriéndose mal hacia el sistema, o confundiéndolo con estafas Ponzi, es fácil darse cuenta de que es por falta de información o por una información distorsionada, y por ende la creencia sobre este primer punto es débil. Procura que todo tu equipo tenga firme la creencia en el sistema y la industria.

2. **La creencia en el producto o servicio.** Creer en el producto o servicio es clave, es lo único que nos dará la convicción, certeza, confianza y seguridad a la hora de hablar y recomendar el producto o servicio. Para incrementar y alimentar la creencia en el producto o servicio debemos vivirlo, debemos usarlo y consumirlo nosotros mismos.

3. **La creencia en la empresa.** Creer al 100% en la empresa, no tener duda alguna sobre ella es otro punto muy importante. Pero, ¿cómo alimento e incremento mi creencia? Pues, conociendo su historia, la visión de quienes la lideran, dónde están sus oficinas, asegurándonos de que sea legal en el país en el que se encuentra —legal tanto en los productos como en lo administrativo y financiero, en los permisos e impuestos, etcétera—. Es frecuente que cuando una empresa está gestionando entrar a un nuevo país, realice eventos de prelanzamiento. En estas circunstancias debemos tener claro que, dependiendo de las leyes aduaneras y reglamentos del país, los productos podrían tardar poco en llegar o bien tardar mucho por cambios inesperados en las leyes del país, llegando incluso a retrasarse un año o más.

Además, cuando la compañía es extranjera, dependiendo de las leyes de cada país, hay cupos límite de importación, por lo que aunque llegue el producto, si la demanda crece sobrepasando dicho cupo límite, eso puede provocar que el producto sea escaso, y que debamos esperar a que llegue más para satisfacer a nuestros clientes. Si la compañía no resuelve a tiempo ese inconveniente, la inversión y venta del producto pierde sinergia, afectando el negocio.

Debes informarte bien y decidir si estás dispuesto a ponerte la camiseta de aquella empresa, y esperar el proceso necesario. Si es así, pues genial.

Lo importante es que tengas claro que si vas a invertir tiempo y dinero en este negocio debes asegúrarte de incrementar y fortalecer la creencia en la empresa.

4. **La creencia en ti.** Creer en nosotros mismos es la base y raíz que dará el fruto anhelado en el árbol. Si queremos cambiar el fruto debemos cambiar las raíces, si queremos crecer más y muy fuertes debemos fortalecer las raíces. Pero, ¿cómo alimento la creencia en mi? Alimentando mi mente con audios, libros de autoayuda, mentorías de superación personal y, sobre todo, haciendo lo que haya que hacer para ir teniendo pequeños resultados que nos permitan adquirir experiencia y, a la vez, mayor confianza en cada uno de nosotros. ¡Ojo! No hablo de pensar positivamente, sino de adquirir nuevos hábitos, como el de la lectura, que nos permitan lograr el éxito anhelado.

Una vez alimentada la creencia en los cuatro puntos anteriores, solo debemos adquirir la información de cómo empezar a construir nuestro negocio de marketing en red, y ponerle acción.

> *El 20% es información correcta, el 80% es acción, y la acción la pones tú.*

¿Por qué muchos de los que emprenden este tipo de negocio no tienen un resultado e incluso se van al poco tiempo de haber empezado? Porque la creencia en alguno de estos cuatro puntos es débil o muy baja. La mayor parte de las veces es por cuestiones emocionales —por la inteligencia emocional—. La creencia debilita o fortalece las emociones, y cuando la creencia no es lo suficientemente fuerte hay espacios a la duda, y cuando hay duda simplemente nada sucede.

> *Debemos tener la certeza, creer en lo que hacemos y creer en nosotros.*

CAPÍTULO 6

LOS EVENTOS NO SON PARA TI

No hay mejor invitado que un recién asociado al equipo.

Sirva como anécdota, y aprendizaje a la vez, que cuando empecé en esta hermosa profesión no tenía idea sobre los eventos, ni de la importancia que estos tenían. Siempre escuché hablar de los eventos. La gente hablaba con tanta emoción, decían que eran maravillosos, y que nadie se podía perder tal o cual evento. Parecían interesantes, y me creaban la curiosidad de asistir. Pero en realidad no tienes la más mínima idea de qué se trata un evento hasta que vas. Una cosa es que te cuenten y otra es que estés allí y lo vivas.

Después de asistir a mi primer evento, aprendí y me prometí una cosa: «Nunca más ir de nuevo a un evento solo». Era tal la emoción que sentía cuando estaba allí, de ver resultados y testimonios de gente que habían empezado apenas, que no solo pensé en todo lo que yo podría lograr también, sino que vino a mi mente el nombre de ciertas personas y amigos que me hubiera gustado que estuvieran allí para que también lo vieran. Luego de ese primer evento entendí y me quedó muy claro que no debía ir solo nunca más. Del mismo modo, si tú buscas crecer, si tienes clara la visión y realmente quieres formar un equipo, obviamente no debes ir solo a un evento. Los eventos no son para ti, los eventos son para tus invitados, son para tus equipos y los invitados de tus equipos. Es importante que promovamos a todo el mundo en nuestra organización para que asista al evento. Vale la primera vez que vayas a un evento solo, quizás una segunda vez también, pero lo que no puedes permitirte es asistir solo a ningún evento más.

Ademas de esta lección, vivida y experimentada, puedo decirte que no hay mejor invitado a un evento que un recién asociado al equipo, es decir, una persona que recién entró a hacer el negocio, porque para ellos el evento es el detonante o catapulta en su negocio. Les permitirá ver y conocer mucho más, podrán aumentar su visión, podrán vivir y entender lo que tú ya entendiste y aprendiste en tu primer evento.

> *Esa energía, ese contagio y esa algarabía que se sienten y viven allí, es importante que ellos lo vivan y sientan de una vez por todas.*

¿Comunicar o promover un evento?

Si nuestro objetivo es aprovechar al máximo todo lo que nos ofrece el negocio y hacer de esto una carrera hacia el éxito, debemos diferenciar entre comunicar y promover un evento. Como ya mencionamos, es importante asistir a los eventos y, más aún, no ir solos. Comunicar es solo informar o avisar sobre el evento, sin ningún compromiso, meta o responsabilidad, simplemente informamos sobre él como lo haríamos de una película que está por estrenar. Por otro lado, promover es formar parte del evento, es compromiso, responsabilidad, es ponerse una meta de crecimiento, tanto personal como en equipo, es ponerse al frente como el líder que debemos ser. Promover un evento es lo que hará que nuestro negocio crezca mucho más.

Pongamos un ejemplo breve para entender que implica promover. Si estoy solo y pienso en promover el evento, como líder me debo responsabilizar de al menos 20 entradas para llevar mis invitados, Si somos 2 en el equipo me deberé responsabilizar de por lo menos 40, y de enseñar a mi socio a que se haga responsable de sus 20 entradas. Si somos 4 en el equipo me responsabilizaré de 80, y de enseñar a mis 3 socios a hacerse responsable de sus 20 entradas cada uno. Si somos 5 en el equipo, me responsabilizaré de 100 entradas y enseñaré a mis 4 socios a hacerse responsables de sus 20 entradas cada uno. Y así, cuanto más socios estemos en el equipo me responsabilizaré de un número mayor de entradas y de enseñar a cada uno a responsabilizarse de su parte.

En lo personal, para mi primer evento empecé con 30 entradas, consciente y decidido a poner todos los motores, pero sin experiencia en los temas de invitar, prospectar, y reclutar —todo esto que hoy en día conocemos, pero que para mi hasta ese momento eran términos desconocidos—. ¿Cuántos invitados creen que llegaron de esas 30 entradas? Ni uno. Cero. Nada. Entregué 5, y 25 jamás las entregué. ¡Ja, ja, ja! ¡Es absurdo! Pero con el tiempo pude ver que no fui ni el primero ni el único.

No fui el primero en tener miedo y vergüenza, en pensar en el qué dirán, en creer que sí quería, pero a la vez no sabía que es lo que realmente debía hacer. Sobre todo tenía muchas dudas. Creo que no es necesario ser adivinos para identificar el motivo por el que no entregué todas las 30 entradas.

Hay que tener claro el porqué para que todo tome un verdadero sentido. Debemos informarnos bien para darnos cuenta de que es una verdadera y gran oportunidad la que tenemos. De 30 entradas pasé a responsabilizarme y enseñar a promover de 1000 a 2000 entradas para los eventos. Una responsabilidad en equipo. Cuando no solo te responsabilizas por tus entradas y las entradas de tu equipo, sino que eres tú quien organiza el evento, cuando eres el anfitrión del evento esto quiere decir que estás ya llegando a un siguiente nivel. Pero no hablo de un nivel de rango, sino de un nivel mental que está listo para recibir aquel rango. Primero debemos adquirir la mentalidad, para poder atraer y llegar a ese rango, sueño, o gran cheque.

Como en todo negocio y gran empresa, desde sus inicios se requiere de esfuerzo, trabajo y constancia.

MIGUEL MALDONADO

CAPÍTULO 7

NO CRECES
SI TU EQUIPO NO CRECE.

Procura que todo tu equipo tenga la información completa y correcta para crecer, porque tú no creces si tu equipo no crece.

La base de tu expansión y crecimiento, ya sea sólida o débil, dependerá de lo que tu equipo haga, dependerá de lo que aprendan, dependerá de sus creencias, su cultura, sus relaciones, dependerá de cuán rápido y duplicable sea ese equipo. Cuando digo que no creces si tu equipo no crece, no me refiero a la parte económica únicamente, de hecho la cosecha económica es por consecuencia de lo que hacemos mucho antes, me refiero a eso que no se ve, y que produce lo que se ve.

Para poder ver buenos cheques, primero debemos vernos grandes. Crecer como personas nos hará crecer como líderes, y crecer como líderes nos llevará a lograr los resultados anhelados. Pues, como ya comentamos anteriormente: «Todo crece o cae por el liderazgo». Si tú estás reinvirtiendo, teniendo clientes, y formando tu base de clientes, asegúrate que tu equipo haga lo mismo. Si tú estás asistiendo a las presentaciones, si estás usando herramientas electrónicas, y demás aplicaciones para llegar y presentar el negocio a más gente, asegúrate de que tu gente aprenda y haga lo mismo. Si tú estás capacitándote y auto capacitándote, asegúrate de que tu equipo haga lo mismo. Si estás invirtiendo en ti, en tu mente, leyendo, escuchando audios, asistiendo a seminarios, cursos presenciales u online, asegúrate que tu gente también lo haga.

Si no estás haciendo nada de esto, antes de pensar en formar un equipo asegúrate de ser tú el primero. Recuerda que nadie trabaja para nadie, que cada uno maneja su propio negocio, pero que el éxito se alcanza al hacerlo en equipo, un equipo de distribución, pero que a la vez también es un equipo de líderes. Debemos ser los primeros, porque somos el ejemplo y testimonio a seguir, y aunque no todo el mundo te va a seguir, no todo el mundo estará en tu equipo, y no todo el mundo querrá pagar el precio, tú y yo, y cualquiera que quiera formar un equipo de líderes es obligatorio que seamos los primeros. Y, aunque digo obligatorio, no debemos sentirnos obligados sino, más bien, emocionados y decididos para actuar, para ser los primeros en actuar.

El éxito ama la velocidad

Es necesario prestar atención a esta frase: «El éxito ama la velocidad». Quizás ya la ha usted escuchado antes, o seguramente en algún momento lo hará. Pues así es, esta frase hace énfasis en que hay que actuar rápido y al 100%, hay que tener un compromiso total para hacer que las cosas sucedan ya, y no dejarlo para después.

Tomemos como referencia el proceso de despegue de un avión. El piloto debe poner al 100% la palanca, para que este tome velocidad y despegue. En caso contrario, dejando el avión al 90%, 80%, o 50%, simplemente jamás despegará. De hecho, como narra el líder y gran mentor Eric Worre en uno de sus vídeos de entrenamiento: «Debe despegar rápido ya que la pista tiene cierta distancia que el piloto debe cubrir, en caso contrario quedaría fuera de pista o se estrellaría».

> *En nuestro negocio los primeros días o primeros meses son muy importantes para poder lograr un despegue explosivo. Debemos ponernos en acción, al 100%.*

MIGUEL MALDONADO

La constancia te da la velocidad

Estaba en casa por la noche, recién llegaba de viaje, venía de apoyar un nuevo equipo. Puse a cargar mi celular, y cuando lo encendí me llegaron algunos mensajes. Entre esos mensajes había uno que me llamó y tomó toda mi atención.

Este mensaje decía:

Quizás este negocio no es para mi, estoy poniendo en práctica lo aprendido y no logro tener resultados.

Contesté:

Comprendo que por ahora pienses así y que te sientas un poco mal, pero recuerda, apenas estás empezando y este es un negocio que todo el tiempo te retará a fortalecer tu inteligencia emocional. Como en todo negocio hay que prepararse, trabajar, esforzarse, tener paciencia, perseverar y seguir en acción.

Respuesta:

Sí lo sé, pero yo escuché, incluso a varios líderes, alguna vez decir que el éxito ama la velocidad, que tengo que ser rápido, sino entonces que haga otra cosa.

Contesté:

Ok, entiendo. Entonces, ¿crees que porque en 3 meses aún no tienes a nadie en tu equipo esto no es para ti?

Respuesta:

Sí, eso creo.

Contesté:

Ok. Si no me equivoco,¿ has ganado dinero en estos 3 meses distribuyendo el producto? ¿Verdad?

Respuesta:

Sí.

Contesté:

Ok, entonces ¿la prisa es por el cheque residual?

Respuesta:

Sí, podría ser.

Contesté:

Comprendo exactamente lo que le pasa, a mi también en su momento me pasó por la mente el mismo pensamiento, nada más que nunca yo escuche que el éxito ama a la velocidad hasta mucho después, cuando ya tenía un cheque residual de unos 12 o 13 salarios básicos. Y lo logré con constancia.

> *El éxito ama la velocidad. Si, es cierto, pero la constancia da la velocidad.*

Entonces, para aclarar un poco más el panorama, quiero que sepa dos verdades más acerca de este negocio.

La primera se la cuento a través de la experiencia que viví. Después de haber decidido aprender y ponerme en acción, el primer rango o meta que alcancé en mi carrera de marketing en red, fue a los dos años de haber empezado. Decidí convertirme en un estudiante del liderazgo y creación de equipos. Me enfoqué totalmente en el cambio de mis creencias, en la adquisición de nuevos hábitos, como el de la lectura, y en cambiar mi imagen. Recuerdo mi vestimenta, jamás fue empresarial hasta que conocí el mundo del liderazgo. Mi planificación semanal era de lunes a domingos, asistiendo a las presentaciones y dando presentaciones, apoyando y guiando a los nuevos integrantes, dispuesto a ir a cualquier parte de mi ciudad o del país. Fui constante, el equipo crecía y por ende el cheque residual también crecía y, cuando llegue al rango adecuado, no solo subió el cheque, sino que se duplicó. Según decía Mark Yarnell, en su libro «Su primer año en el network marketing», debes pasar «al menos 1 año en el negocio». Mi primer año fue un año de mucho aprendizaje, de acción constante, hasta que llegaron los 2 años.

¿Fui rápido? No, fui constante. Y esa constancia hizo que pareciera como si las cosas hubieran ido rápido. ¿Por qué digo esto? Porque luego la gente decía y preguntaba: «¡Qué rápido subió de rango! ¿Cómo hizo para lograrlo?

Presta mucha atención. Es la misma empresa, son los mismos productos, es el mismo sistema. Pero, ¿qué marca la diferencia? La constancia, creer firmemente y seguir en acción.

El tiempo es el mismo para todos. Y, mientras tú eres constante y das prioridad a tu negocio, pagando el precio, enfocado en tu visión, quien es inconstante pasa el 70% de su tiempo haciendo cualquier otra cosa que no tiene nada que ver con su negocio y visión. Eso quiere decir que apenas dedica el 30% al negocio, y recuerda que al 30% el avión jamás despegará.

Hay también quien dedica una semana al 100% y otra al 50%. ¿Te imaginas si el piloto del avión alternara entre el 100% y el 50%, yendo primero 50 metros al 100%, y otros 50 metros al 50%, y así sucesivamente? ¿Cuándo despegaría ese avión? Pues, nunca. Por eso el piloto debe mantener al 100% la palanca del avión hasta despegar y planear en el aire. La constancia de tener el avión al 100% es lo que le da la velocidad, y a la vez le permite despegar.

La constancia te da la velocidad. Mantente al 100%, y espera tu despegue.

La segunda verdad acerca de este negocio se refiere a los «No» que todos debemos saber:

- **No todos entrarán al negocio.**
- **No todos entrarán al negocio contigo.**
- **No todo el que entra al negocio va hacer el negocio.**
- **No prejuzgue, el que menos piensa será quien haga el negocio.**
- **No todos pagarán el precio.**

Finalmente, es importante que sepas que tu equipo estará conformado de gente que realmente decidirá y querrá estar, no de gente que tú quieras que esté, y a la que tengas que rogar o estar detrás. Ellos deciden, ellos eligen. No viajarás solo, pero no puedes llevar a todos.

Debemos ser líderes con mentalidad de empresario, con visión y pensando en grande,. Esto lo puedes modificar, reprogramar y aprender en el camino.

Aquí presento una pequeña descripción de los líderes y empresarios que tomé de una página de facebook. Me pareció un resumen muy acertado. Léanlo con atención.

- Los empresarios son líderes.
- No todos los líderes son empresarios, pero sí todo empresario es un líder.

¿Qué define a un líder? ¿Qué hace que el líder sea un líder? Hay algunos elementos que usted debe anotar:

1. Visión. Los líderes no ven una «tiendita», ven una cadena de tiendas. Los líderes no ven un negocio, ven una compañía mundial.

   Ellos ven el futuro: no son videntes, son soñadores. Saben donde van a estar en los próximos diez años.

2. Actitud. Los líderes creen que pueden. Ellos dicen: «No puedo controlar al mundo, pero puedo controlar mi mente». Su pensamiento es que «todo problema tiene una solución».

3. Equipo. Los líderes atraen a líderes. Los líderes no quieren gente sumisa, quieren gente despierta. Los líderes ven el potencial en los demás. La regla es que un soñador siempre reconoce a otro soñador.

Los líderes no se ponen nerviosos con el éxito de su gente, sino que, por el contrario, se alegran de ella.

Si usted siente envidia porque un seguidor suyo le está llevando la delantera, es probable que usted no sea un líder. Si usted se molesta porque siente que un colaborador es más inteligente y tiene más carisma, usted no es un líder. Los líderes dicen: «En mi equipo quiero estrellas que brillen con luz propia».

Expande tu visión, mejora tu actitud, atrae líderes.

El anterior resumen está tomado de #SiempreImparables y #MundodeMillonarios

> *Procura que todo tu equipo tenga la información completa y correcta. Ocúpate de que todo aquel que muestre ese verdadero interés y compromiso tenga las herramientas y conocimiento necesarios para continuar su carrera en el negocio, pero sobre todo dedica tiempo a desarrollarte personal y profesionalmente, recuerda siempre esta frase: «Tu riqueza crecerá hasta donde crezcas tú».*

Siembra y cosecha

Sí, lo sé. Sé que más de una vez hemos escuchado esta afirmación, e incluso que creemos haberla comprendido muy bien, pero aún así, cuando no nos salen las cosas como creíamos o queríamos, nos escuchamos preguntando a

Dios: «¿Por qué?». Lo he hecho muchas veces, hasta que entendí lo siguiente:

> Todo lo que logramos u obtenemos en nuestras vidas viene como cosecha, y la cosecha viene por ciclos. Cuando recibimos finalizamos un ciclo, y cuando damos —sembramos—, iniciamos un nuevo ciclo.

DIOS solo provee ciclos de bendición, no de maldición. Somos nosotros, los hombres, los que creamos ciclos de maldición. Lo que hacemos es poner en movimiento cosas malas o cosas buenas. Si actúas bien inicias un ciclo de bien, y si obras mal inicias un ciclo de mal, de maldición —mal de acción, mal causado por tu acción—.

> *No os engañéis; Dios no puede ser burlado: pues todo lo que el hombre sembrare, eso también segará. (RVR)*
>
> *Gálatas 6:7*

En resumen, debemos hacer lo correcto siempre.

> *No nos cansemos, pues, de hacer bien; porque a su tiempo segaremos, si no desmayamos. (RVR)*
>
> *Gálatas 6:9*

Todo empieza en nuestra mente. No se trata de ser perfecto, solo pensar y hacer lo correcto.

VERDADES FUNDAMENTALES

Por lo cual, desechando la mentira, hablad verdad cada uno con su prójimo; porque somos miembros los unos de los otros (RVR).

Efesios 4:25

El crecimiento no es suerte.

La suerte favorece a una mente preparada.

Louis Pasteur

Que la inspiración llegue no depende de mí. Lo único que yo puedo hacer es ocuparme de que me encuentre trabajando.

Pablo Picasso

La suerte no es más que la habilidad de aprovechar las ocasiones favorables.

Orison Swett Marden

La suerte es el pretexto de los fracasados.

Pablo Neruda

MIGUEL MALDONADO

> *Creo muchísimo en la suerte y descubro que cuanto más trabajo, más suerte tengo*
>
> Stephen Leacock

> *Existe una puerta por la que puede entrar la buena suerte, pero tú tienes la llave.*
>
> Proverbio japonés

Mantén una dieta mental

Así como hacemos dieta para bajar o regular el peso, así mismo debemos hacer dieta mental. La dieta no es dejar de comer, la dieta es seleccionar lo que vamos a comer, lo que realmente nos aportará para bien de nuestro cuerpo. Del mismo modo la dieta mental es enfocarte y poner atención solo a aquella información que nutrirá nuestra mente. Debemos evitar todo lo que sea negativo, dejarlo fuera de nuestra atención, cero noticias, porque en lo que te centras se expande. Centrémonos en lo que realmente queremos que se expanda en nuestra vida. Antes de dormir procura que lo último en que pongas tu atención sea solo alimento nutritivo para tu mente, pura nutrición mental.

> *En cuanto a la pasada manera de vivir, despojaos del viejo hombre, que esta viciado*

VERDADES FUNDAMENTALES

conforme a los deseos engañosos, y renovaros en el espíritu de nuestra mente.

Efesios 4:22-23

Vive en agradecimiento, agradece por todo lo que tienes, pero no te conformes. El agradecimiento viene desde la abundancia, el conformismo viene desde la carencia. Agradece lo que tienes, pero esto no significa que no puedas ir a por más.

Cree en lo que haces. Todo lo que existe hoy en día fue alguna vez solo una idea, hasta que alguien creyó en ella y la llevó a la realidad. La fe es creer, pero no es tan solo creer que algo es cierto, sino creer que es tan cierto como para estar en acción.

Haz lo que tengas que hacer, lo que esté a tu alcance y lo que creas que no está a tu alcance, para hacer que suceda. Nunca te rindas.

Asume tus resultados, buenos o malos solo hay un responsable, y ese eres tú. No pongas excusas. Puede ser el año 2019, 2020, 2021, o 2022, o seguramente ya te pasó en el 2018, 2017, 2016, 2015, 2014 o en el año que sea, cuando se trata de excusas, no importa cuando sea. Éstas finalmente no te dejan avanzar y lograr lo que realmente anhelas en tu vida.

MIGUEL MALDONADO

Solo hay una vida, no es un ensayo, ve a por lo que quieres, sin excusas, vive tus sueños, disfruta el camino.

Si no te arriesgas hoy, mañana encontrarás otra excusa para no hacerlo. Acción es acción, lo demás son cuentos.

Gracias por tu valioso tiempo.

Atte.,

Miguel Armando Maldonado Vélez.

Hijo, Esposo, Padre, Líder, Empresario y Soñador.

www.ingramcontent.com/pod-product-compliance
Lightning Source LLC
Chambersburg PA
CBHW022132170526
45157CB00004B/1851